Konzentrat der Aussage. Gegen System und Gesellschaft in Peter Weiss' "Die Ermittlung"

Eine Analyse der Zeugenaussagen

Samr Salman

GRIN ☺

Bibliografische Information der Deutschen Nationalbibliothek:

Die Deutsche Nationalbibliothek verzeichnet diese Publikation in der Deutschen Nationalbibliografie; detaillierte bibliografische Daten sind im Internet über http://dnb.d-nb.de abrufbar.

ISBN: 9783346875938
Dieses Buch ist auch als E-Book erhältlich.

Druck und Bindung: Books on Demand GmbH, Norderstedt Germany
Gedruckt auf säurefreiem Papier aus verantwortungsvollen Quellen

Das vorliegende Werk wurde sorgfältig erarbeitet. Dennoch übernehmen Autoren und Verlag für die Richtigkeit von Angaben, Hinweisen, Links und Ratschlägen sowie eventuelle Druckfehler keine Haftung.

Das Buch bei GRIN: https://www.grin.com/document/1358942

Georg-August-Universität
Seminar für Deutsche Philologie
Neuere deutsche Literatur
Aufbauseminar NdL: BRD. Literatur, Theorie, Medien
(1949-1989)
WS 22/23

Peter Weiss´ *Die Ermittlung*. Ein Konzentrat der Aussage — gegen System und Gesellschaft? Eine Analyse der Zeugenaussagen.

Verfasser: Samr Salman
Fachsemester: 3
Späteste Abgabe: 31.03.2023

Inhaltsverzeichnis

I. Einleitung

> Heute
> da unsere Nation sich wieder zu einer führenden Stellung empor
> gearbeitet hat
> sollten wir uns mit andren Dingen befassen
> als mit Vorwürfen
> die längst als verjährt angesehen werden müßten[1]

Mit dieser Aussage schließt Peter Weiss´Dokumentartheaterstück *Die Ermittlung*, das es sich zum Auftrag gemacht hatte, die unfassbaren Taten in den Konzentrationslagern — es (das Stück) ist nämlich nicht nur für das Lager Auschwitz, sondern für alle Lager gültig[2] — so gut es geht fassbar zu machen. Diese Aussage des Angeklagten 1 steht symbolisch für die im Bundestag geführte Debatte in den 60er Jahren, in der das „Vergessen" der Nazi-Zeit thematisiert wurde.[3] Ein Vergessen, gegen das sich Weiss wehren will. So bringt *Die Ermittlung* aber nicht nur die Gräueltaten, die von verschiedenen Persönlichkeiten des Nationalsozialismus in den Lagern begangen wurden, auf die Bühne und damit vor die Augen eines Publikums, das in Teilen seine Augen vor denselben, aus welchen Gründen auch immer, bisweilen verschlossen halten wollte. Vielmehr sollten auch die Gründe und Ursachen, die den Holocaust überhaupt ermöglichten, aufgezeigt und angeklagt sowie ermittelt werden, welche Rolle die Gesellschaft und das kapitalistische System dabei spielten.[4]

I.1 Zielsetzung und methodisches Vorgehen

In dieser Arbeit wird ermittelt, welche Anklagepunkte Weiss erhebt und vor allem, gegen wen. Wie nutzt Weiss dafür das dokumentarische Theater und

---

[1] Weiss, Peter: Die Ermittlung. Oratorium in 11 Gesängen (Hamburg 1969), S. 186.

[2] Vgl. Salloch, Erika: Peter Weiss´Die Ermittlung. Zur Struktur des Dokumentar-Theaters (Frankfurt a.M. 1972), S. 43.

[3] Vgl. Steitz, Kerstin: Juristische und Epische Verfremdung. Fritz Bauers Kritik am Auschwitz-Prozess (1963-1965) und Peter Weiss´ dramatische Prozessbearbeitung Die Ermittlung. Oratorium in 11 Gesängen (1965), in: German Studies Review, Vol. 40, No. 1 (Februar 2017), hrsg. von The Johns Hopkins University Press on behalf of the German Studies Association S. 79-101, S. 92, https://www.jstor.org/stable/pdf/44632940.pdf? refreqid=excelsior%3Afaa5204a1dbfaf443209c650f158e9a0&ab_segments=&origin=&initiator= &acceptTC=1, eingesehen am 25.02.2023.

[4] Vgl. Steitz 2017, S. 89 bis 90.

das vorhandene Material in Form der Frankfurter Prozesse? Welche Rolle spielten für Weiss der Kapitalismus und die Gesellschaft beim Holocaust und wie beurteilt er die gegenwärtige Situation in den 60er Jahren? Um diese Fragen zu klären, werden verschiedene Zeugenaussagen in Weiss´Stück untersucht und herausgearbeitet, gegen wen sie wirklich aussagen. Vorher wird allerdings noch eine knappe Darstellung der *Schwurgerichtsverhandlung in der Strafsache gegen Mulka und andere* erfolgen. Diese ist unverzichtbar, will man *Die Ermittlung* verstehen und nachvollziehen können. Außerdem sollen kurz die Grundzüge des dokumentarischen Theaters erläutert werden, ehe dann die verschiedenen Zeugen und ihre Aussagen analysiert und die genannten Kernfragen Antwort erhalten sollen. Schließlich werden die Ergebnisse in einem kurzen Schlusswort zusammengefasst und weitere Richtungen, in die auf Basis der gewonnen Erkenntnisse geforscht werden kann, genannt.

I.2 Schuldig: Der Frankfurter Auschwitz-Prozess

Mit dem Auschwitz-Prozess begann die eigentliche Phase öffentlicher „Aufarbeitung der Vergangenheit". Daß massenhafter Mord als ein Verbrechen und nicht nur als Nebenfolge des grausamen Krieges an der Ostfront zu beachten sei, war ein Gedanke, der vielen Deutschen damals noch fremd war.[5]

Der Prozess, der die Grundlage für Weiss´Drama bilden sollte, wurde im Dezember 1963 in Frankfurt am Main eröffnet.[6] Diesem Prozess voran ging eine mehr als ein Jahr dauernde Voruntersuchung, die sich vom Juli 1961 bis zum Oktober 1962 zog.[7] Eigentlich unter dem Namen *Strafsache gegen Mulka und andere* eröffnet, sollte dieser Prozess als „Auschwitz-Prozess" Berühmtheit erlangen. Insgesamt richtete sich die 700 Seiten umfassende Anklageschrift der Staatsanwaltschaft Frankfurt am Main, welche im Frühjahr 1963 beim Landgericht eingereicht wurde, gegen 24 Angeschuldigte, von denen

---

[5] Brumlik, Micha: Ein Appel an die Politik, in: Auschwitz-Prozeß 4 Ks2 /36 Frankfurt am Main, hrsg. von Wojak, Irmtrud (Köln 2004), S. 48 bis S. 52, hier: S. 48.

[6] Vgl. Lindner, Burkhardt: Im Inferno. „Die Ermittlung" von Peter Weiss (Frankfurt a.M. 1988), S. 39.

[7] Vgl. ebd. S. 39.

schließlich 22 als Angeklagte vor Gericht standen.[8] Beendet wurde der Prozess mit der Urteilsverkündung im August 1965, bei der von den ursprünglichen 22 Angeklagten noch 20 übrig waren, da einer verstorben und einer aufgrund von Krankheit verhandlungsunfähig war.[9] Drei der Angeklagten wurden freigesprochen, 17 wurden verurteilt, sechs von diesen als Mörder zu lebenslangem Zuchthaus.[10]

Der Prozess wurde von nationalen sowie internationalen Journalisten und Pressehäusern verfolgt. So berichtete auch Bernd Neumann, der Redakteur der Frankfurter Allgemeinen Zeitung war, darüber und bündelte seine Prozessbeobachtungen und -berichte in seiner Monografie *Auschwitz, Bericht über die Strafsache gegen Mulka u.a. vor dem Schwurgericht Frankfurt*, deren sich auch Peter Weiss hinsichtlich seines Dramas bediente.[11] Weiss nutzte aber nicht nur die Berichte Neumanns oder die Dokumente des Staatsanwalts, er besuchte auch persönlich den Prozess[12] sowie den Ort Auschwitz, um eine Grundlage für sein späteres Stück *Die Ermittlung* zu haben: „Ich habe das Lager besucht und studiert und dieses Material gesammelt, es zu ganz bestimmten Komplexen geordnet."[13] Aus dieser Grundlage heraus sollte dann das tatsächliche Stück *Die Ermittlung* entstehen, über das Weiss in seiner Anmerkung sagt:

> Bei der Aufführung dieses Dramas soll nicht der Versuch unternommen werden, den Gerichtshof, vor dem die Verhandlungen über das Lager geführt wurden, zu rekonstruieren. Eine solche Rekonstruktion scheint dem Schreiber des Dramas ebenso unmöglich, wie es die Darstellung des Lagers auf der Bühne wäre. [...] Von all dem kann auf der Bühne nur ein Konzentrat der Aussage übrig bleiben. Dieses Konzentrat soll nichts anderes enthalten als Fakten, wie sie bei der Gerichtsverhandlung zur Sprache kamen.[14]

---

[8] Vgl. Freudiger, Kerstin: Die juristische Aufarbeitung von NS-Verbrechen (Tübingen 2002), S. 43.

[9] Vgl. ebd. S. 43.

[10] Vgl. ebd. S. 43.

[11] Vgl. Die Ermittlung — Nachbemerkung.

[12] Vgl. Weiß, C. (1995). Kann sich die Bühne eine Auschwitz-Dokumentation leisten? Peter Weiss im Gespräch mit Hans Mayer (Oktober 1965). *Peter-Weiss-Jahrbuch Für Literatur, Kunst Und Politik Im 20. Und 21. Jahrhundert, 4*, 8-30.

[13] Zitiert nach Salloch 1972, S. 74.

[14] Die Ermittlung S. 7.

II. Die Ermittlung: Ein Konzentrat der Aussage

II.1 Das dokumentarische Theater

Will man Weiss´ Stück verstehen und nachvollziehen, wieso Weiss ausgerechnet das dokumentarische Theater als Darstellungsform nutzte, sollte sich wenigstens kurz mit demselben beschäftigt werden, weshalb dessen Grundzüge im folgenden kurz dargelegt werden, damit am Ende auch deutlich wird, warum Weiss gerade diese Form wählte.

> Sowohl Zeitstück als auch dokumentarisches Theater behandeln meist die großen gesellschaftlichen Umwälzungen ihrer jeweiligen Periode: den ersten Weltkrieg, die gescheiterte deutsche Revolution, die russische Revolution einerseits, den zweiten Weltkrieg und die beiden einschneidendsten Ereignisse desselben, Konzentrationslager und Atombombe andererseits. Beide dramatischen Formen entstehen in einer Zeit der Ernüchterung und der Entmythisierung. Sie versuchen, die Vergangenheit zu erklären, indem sie deren Wirklichkeit sachlich zeigen, ihren falschen Pathos entlarven, ihre verdeckte Struktur bloßlegen.[15]

So beschreibt Erika Salloch in ihrer Schrift *Zur Struktur des Dokumentartheaters* dasselbe. Und auch Weiss betont, dass das dokumentarische Theater „ein Theater der Berichterstattung"[16] ist, dessen Grundlage „Protokolle, Akten, Briefe, statistische Tabellen, Börsenmeldungen, Abschlußberichte von Bankunternehmen und Industriegesellschaften, Regierungsklärungen, Ansprachen, Interviews, Äußerungen bekannter Persönlichkeiten, Zeitungs- und Rundfunkreportagen, Fotos, Journalfilme und andere Zeugnisse der Gegenwart" bilden.[17] Das dokumentarische Theater „enthält sich jeder Erfindung, es übernimmt authentisches Material und gibt dies, im Inhalt unverändert, in der Form bearbeitet, von der Bühne aus wieder."[18] Auf der Bühne soll eine Auswahl gezeigt werden, „die sich auf ein bestimmtes, zumeist soziales oder politisches Thema konzentriert."[19] Gerade

---

[15] Salloch 1972, S. 1.

[16] Weiss, Peter: Notizen zum dokumentarischen Theater, in: Rapporte II (Frankfurt 1971), S. 91.

[17] Ebd. S. 91.

[18] Ebd. S. 91 bis 92.

[19] Ebd. S. 92.

diese Auswahl „und das Prinzip, nach dem die Ausschnitte der Realität montiert werden, ergeben die Qualität der dokumentarischen Dramatik."[20] Das dokumentarische Theater richtet sich gegen die Gruppen, „denen an einer Politik der Verdunklung und Verblendung gelegen ist", und richtet sich gegen die Tendenz von Massenmedien, „die Bevölkerung in einem Vakuum von Betäubung und Verdummung niederzuhalten."[21] Es ist eine Form des öffentlichen Protests und eine Reaktion auf gegenwärtige Zustände mit dem Ziel und der Forderung, diese zu klären.[22] So ist es „primär politisches Theater."[23] Es hat außerdem nicht den Anspruch, neutral zu sein, sondern es ist parteilich.[24] Was das dokumentarische Theater nicht kann, ist, sich „mit dem Wirklichkeitsgehalt einer authentischen politischen Manifestation" zu messen.[25] Denn „es kann vom Theaterraum her die Autoritäten in Staat und Verwaltung nicht in der gleichen Weise herausfordern, wie es der Fall ist beim Marsch auf Regierungsgebäude und wirtschaftliche und militärische Zentren."[26] Am Ende bleibt das dokumentarische Theater ein Kunstprojekt — egal, wie sehr es versucht, sich aller Künstlichkeit und Ästhetik zu entledigen.[27] Das dokumentarische Theater kann aber Dinge, die ungeklärt geblieben sind, aufklären und Übel, die weiterhin bestehen, aufzeigen.[28] Wie das in Peter Weiss′ *Ermittlung* geschieht, wird nun in den folgenden Kapiteln erläutert und gezeigt.

II.2 Die Zeugen in „Die Ermittlung" und ihre Aussagen

Da die von Weiss gewählten Zeugen und deren Aussagen Aufschluss geben, wen oder was *Die Ermittlung* nun anklagt, ist eine Analyse derselben angebracht, will man denn zu einem aussagekräftigen Ergebnis kommen, weshalb dieses Kapitel sich also mit den Zeugen aus Weiss′ Stück beschäftigt.

---

[20] Ebd. S. 92.

[21] Ebd. S. 94.

[22] Vgl. ebd. S. 94.

[23] Blumer, Arnold: Das dokumentarische Theater der sechziger Jahre in der Bundesrepublik Deutschland (Meisenheim am Glan 1977), S. 1.

[24] Weiss 1971, S. 99.

[25] Weiss 1971, S. 95.

[26] Ebd. S. 95 bis S. 96.

[27] Vgl. ebd. S. 96.

[28] Vgl. ebd. S. 100.

Waren beim tatsächlichen Auschwitz-Prozess weit über 300 Akteure beteiligt gewesen — es war sogar der größte Schwurgerichtssaal für den Prozess zu klein[29] — treten in Weiss´ *Ermittlung* lediglich 30 Personen auf, die sich wie folgt unterteilen lassen: *(1)* Richter, *(1)* Vertreter der Anklage, *(1)* Verteidiger, *(18)* Angeklagte, *(9)* Zeugen. Wichtig zu bedenken ist, dass Weiss gezielt Zeugen und Aussagen aussuchte, die er in sein Stück integrierte und genauso Zeugen und Aussagen gezielt nicht in sein Stück übernahm. Diese Auswahl traf Weiss nach seiner subjektiven Ansicht und natürlich mit dem Ziel, durch diese Auswahl das, was er an das Publikum vermitteln will, besonders deutlich klar zu machen.

II.2.a Die neun Zeugen

Die Zeugen bleiben in Weiss´ Drama namenlos, sie werden so zu einem Sprachrohr, durch das Weiss die Aussagen der insgesamt 360 Zeugen, die im Prozess zu Wort kamen, konzentriert kundtun kann. „Die persönlichen Erlebnisse und Konfrontationen müssen einer Anonymität weichen. Indem die Zeugen im Drama ihren Namen verlieren, werden sie zu bloßen Sprachrohren. Die neun Zeugen referieren nur, was hunderte ausdrücken."[30] Ebenso wird durch das Namenlose der Identitätsverlust, den die Häftlinge in Auschwitz erfuhren, deutlich gemacht. Die Angeklagten aber „stellen jeder eine bestimmte Figur dar. Sie tragen Namen, die aus dem wirklichen Prozeß übernommen sind. Daß sie ihre eigenen Namen haben, ist bedeutungsvoll, da sie ja auch während der Zeit, die zur Verhandlung steht, ihre Namen trugen, während die Häftlinge ihre Namen verloren hatten."[31] In vier Gruppen lassen sich die Zeugen unterteilen. Die Zeugen 4 sowie 5 verkörpern weibliche Opferzeugen des Prozesses, die Zeugen 6 bis 9 dagegen männliche. Die Zeugen 1 und 2 sind Täterzeugen, die auf Seite der Lagerverwaltung standen. Dem Zeugen 3 kommt eine besondere Rolle zu. Er ist der politische Zeuge, der u.a. Weiss seine Stimme leiht. Er spricht Worte, „die nicht eben in dieser Form im Prozeß oder in den anderen Dokumenten enthalten sind", was ihn von allen

---

[29] Vgl. Langbein, Hermann: Der Auschwitz-Prozeß. Eine Dokumentation (Frankfurt/Wien/Zürich 1965), S. 35.

[30] Die Ermittlung — Anmerkung.

[31] Die Ermittlung — Anmerkung.

anderen Zeugen unterscheidet.[32] Diese Zeugen sowie deren Aussagen sollen nun näher beleuchtet werden.

II.2.b Die Täterzeugen

„Die Zeugen 1 und 2 „sind „Sprachrohre" der weiterbestehenden Gesellschaft des Lagers."[33] Zwar stammen auch die Aussagen dieser Zeugen alle aus den Prozessakten, allerdings sind in ihnen verschiedene Personen enthalten.[34] So nutzt Weiss diese Zeugen, um „Auskünfte über die Gleichgültigkeit und fragenlose Selbstverständlichkeit des bürokratischen Apparats" zu erzielen, indem „er ihnen weitaus größeren Raum gibt, als solche Ermittlungen in der Vergangenheit tatsächlich hatten."[35] So gibt Zeuge 2 zum Beispiel ein Konzentrat der Aussage von Wilhelm Hilse preis, der für die Güterabfertigung in Auschwitz zuständig war. Stellvertretend für die Bemühungen der Zeugen 1 und 2, stets ihre Hilfsbereitschaft auszudrücken, die doch nur durch die damaligen Befehlshaber unterbunden worden sei, ist folgende Aussage, die Zeuge 2 direkt bei seinem ersten Auftritt tätigt:

> Ich sah einmal eine Frau
> die ein kleines Kind an die Luftklappe hielt
> und fortgesetzt nach Wasser schrie
> Ich holte einen Krug Wasser
> und wollte ihn ihr reichen
> Als ich den Krug hochhob kam einer der Wachleute
> und sagte
> Wenn ich nicht sofort weggehe
> würde ich erschossen[36]

Die originale Aussage, die Hilse tätigte, lautete wie folgt:

> Ich will Ihnen hierzu nur einen Fall nennen: Es war im Sommer des Jahres 1944, da stand ein Transportzug von Ungarn im Bahnhof Auschwitz, unmittelbar gegenüber der Güterabfertigung. Die Wagentüren waren geschlossen. Nur die Luftklappen waren offen. Und eine Frau hielt ein kleines Kind im Arm und rief fortlaufend nach Wasser. Ich habe mir dann ein Herz gefaßt, ich habe dann einen Krug Wasser genommen und bin

---

[32] Salloch 1972, S. 103.
[33] Salloch 1972, S. 97.
[34] Vgl. Salloch 1972, S. 97.
[35] „Was wird ermittelt?" Theater Heute (12/1965), S. 17, zitiert nach Salloch 1972, S. 97.
[36] Die Ermittlung S. 12.

rangegangen an den Zug. Und als ich in unmittelbarer Nähe des betreffenden Wagens stand, kam sofort ein SS-Mann an mich heran und fragte, was ich hier zu suchen habe. Ich habe ihm daraufhin geantwortet: „Ich möchte dieser Frau den Krug Wasser geben." Die Antwort des SS-Mannes: „Wenn Sie nicht sofort weggehen hier von dem Wagen, schieße ich Sie tot."[37]

Dieses Beispiel verdeutlicht, inwieweit Weiss eine sprachliche Bearbeitung des Rohmaterials vornahm. Es fehlt in Weiss´ Text jede Interpunktion, er streicht die direkte Rede und ändert die Tempusform. All das nimmt der Aussage jedwede Persönlichkeit und macht sie zu reinen Sachäußerungen. Man könnte sogar sagen, dass diese indifferente Rede Gleichgültigkeit zum Ausdruck bringt.[38]

Das Beteuern, man hätte geholfen, konnte aber nicht, da man sonst sein eigenes Leben verwirkt hätte, zieht sich so gut wie durch alle Aussagen der Zeugen 1 und 2. Genauso häufig treten bei eben diesen Zeugen Sätze auf, die das — angebliche — Unwissen über das eigentliche Geschehen kundtun: „Das ist mir nicht bekannt."[39] „Das weiß ich nicht."[40] Oder auch Aussagen des Vergessens: „Das weiß ich nicht mehr."[41] Diese Aussagen der Täterzeugen spiegeln ein Vergessen-wollen wider, das, nach Weiss, in der BRD in der Nachkriegszeit überhandnahm und so dem Publikum vorgeführt werden soll. Ebenso werden immer wieder die neuen Berufe der Täterzeugen genannt, was bei den Opfer-Zeugen nicht der Fall ist. Dies verdeutlicht, wie die Täter in ein normales bürgerliches Leben zurückkehren konnten, oft auch in hohe Positionen in Wirtschaft und Verwaltung, während die Opfer durch ihre Traumata gebrandmarkt sind. So leiten die ehemaligen NS-Persönlichkeiten als „Oberinspektor der Bundesbahn"[42], „Leiter eines großen kaufmännischen Betriebes"[43], „Ministerialrat"[44] oder „Vorsitzender des Aufsichtsrats"[45] der

---

[37] Der Auschwitz-Prozeß, hrsg. vom Fritz Bauer Institut Frankfurt am Main (Berlin 2004), S. 26083.

[38] Vgl. Van Kempen, Anke: Die Rede vor Gericht. Prozeß, Tribunal, Ermittlung: Forensische Rede und Sprachreflexion bei Heinrich von Kleist, Georg Büchner und Peter Weiss (Freiburg 2005), S. 177.

[39] Die Ermittlung S. 10.

[40] Die Ermittlung S. 117.

[41] Die Ermittlung S. 117.

[42] Die Ermittlung S. 12.

[43] Die Ermittlung S. 140.

[44] Die Ermittlung S. 91.

[45] Die Ermittlung S. 91.

großen Unternehmen weiterhin die deutschen Geschicke in Wirtschaft und Politik. Der ehemalige Vorsitzende des Aufsichtsrates erhält sogar immer noch eine Ehrenrente von 300.000 Mark im Jahr.[46]

Vor allem die Vernehmung eben dieses Zeugen 2 im *Gesang vom Ende der Lili Tofler* ist stellvertretend für die Anklage, die gegen die auf Gewinn fokussierten und nach jeder Mark lechzenden Unternehmen in *Die Ermittlung* erhoben wird. Denn diese Unternehmen haben an der Ausbeutung derjenigen, die in den KZ waren, mitverdient und ihre Augen vor den unmenschlichen Zuständen verschlossen, unter denen die Menschen arbeiten mussten. So werden auch die Buna-Werke der I-G-Farben konkret beim Namen im Drama genannt (die im *Gesang vom Ende der Lili Toller* vom Zeugen 1 vertreten werden).[47]

Nur ein Zeuge von den drei geladenen Leitern der „mit dem Lager zusammenarbeitenden Industrien"[48] erschien beim Prozess. In der *Ermittlung* reichte einer ein Attest ein wegen Blindheit und ein anderer sei verhindert gewesen wegen eines „gebrochenen Rückgrats".[49] Gab es bei dem tatsächlichen realen Prozess zwar wirklich ein Attest eines geladenen Zeugen aufgrund eines gebrochenen Rückgrats[50], hat Weiss aber das Attest wegen Blindheit erfunden. So sind beide Krankheitsbilder bei Weiss symbolisch zu verstehen: Das gebrochene Rückgrat steht für die Charakterschwäche der Wirtschaft, die, gelockt durch Gewinne und Reichtum, gemeinsame Sache mit dem NS-Staat machte und von der Ausbeutung der Häftlinge profitierte. Die Erblindung symbolisiert die von den Täterzeugen immer wieder hervorgebrachte Entschuldigung des Nichtwissens: „Davon ist mir nichts bekannt."[51] Das Nicht-sehen-wollen der Beteiligten, v.a der Industriellen, aber auch derjenigen, die nicht direkt „Täter" waren, wird hierdurch angeklagt.

> (Ankläger) War Ihnen nicht bekannt
> daß die Häftlinge bis zum äußersten verbraucht und dann getötet wurden
> (Zeuge 1) Ich habe mich immer bemüht

---

[46] Die Ermittlung S. 91.

[47] S. Die Ermittlung S. 89.

[48] Die Ermittlung S. 91.

[49] Die Ermittlung S. 91.

[50] Naumann, Bernd: Auschwitz: Bericht über die Strafsache gegen Mulka u.a. vor dem Schwurgericht Frankfurt (Frankfurt a.M 1965), S. 229.

[51] Die Ermittlung S. 92.

mehr für die Häftlinge zu tun
als mir zustand [...]
(Ankläger) Haben Sie von Mißhandlungen gehört
(Zeuge 1) Gehört ja
(Ankläger) Was haben Sie gehört
(Zeuge 1) [...] daß sie geschlagen wurden
(Ankläger) Von wem
(Zeuge1) Ich weiß es nicht [...][52]

So dienen also die Zeugen 1 und 2 dazu, die Anklage nicht nur auf die direkten Täter, sondern auch auf nicht direkt Angeklagte, stellvertretend für Volk und Gesellschaft, zu erweitern: „Zeuge 1 und 2 bilden die Brücke zwischen Henkern und Opfern (sie sind es auch, die den Anklagebezirk bis in die Sesselreihen der Theater ausdehnen)."[53]

II.2.c Zeuge 3 als politisches Sprachrohr

Dem Zeugen 3 kommt, wie bereits erwähnt, eine besondere Rolle zu, da „er allein Worte spricht, die nicht eben in dieser Form im Prozeß oder in anderen Dokumenten enthalten sind."[54] Er hat quasi eine „Kommentarfunktion" inne. Zeuge 3 übernimmt u.a. auch die Aussagen der Opferzeugen Otto Wolken und Hans Langbein, die mit ihren Publikationen gegen die Auschwitz-Lüge zu kämpfen und aufzuklären versuchten.[55] So dient er gezielt dem Autor Weiss als politisches Sprachrohr. Demnach nutzte Weiss den Zeugen 3, um die Lüge vom Befehlsnotstand, auf den sich die Angeklagten und Täter-Zeugen so häufig beriefen, zu widerlegen:

Die Machtfülle eines jeden im Lagerpersonal
war unbegrenzt
Es stand jedem frei zu töten
oder zu begnadigen
Den Arzt Dr. Flagge
sah ich mit Tränen in den Augen am Zaun stehn
hinter dem ein Zug Kinder
zu den Krematorien geführt wurde

---

[52] Die Ermittlung S. 89 bis 90.

[53] Walter, Jens: „Die Ermittlung" in Westberlin, in: Über Peter Weiss. Hrsg. von Canaris, Volker 2(Frankfurt a.M. 1971), S. 92-97, hier: S. 92.

[54] Salloch 1972, S. 103.

[55] Vgl. hierzu Der Auschwitz-Prozess 2004, Kapitel 2.

Er duldete es
daß ich die Krankenkarten einzelner
schon ausgesonderter Häftlinge
an mich nahm
und sie so vor dem Tod bewahren konnte
Der Lagerarzt Flagge zeigte mir
daß es möglich war
zwischen den Tausenden
noch ein einzelnes Leben zu sehen
er zeigte mir
daß es möglich gewesen wäre
auf die Maschinerie einzuwirken
wenn es mehr gegeben hätte
von seiner Art[56]

Nicht nur die Entschuldigungsstrategie der Angeklagten widerlegt Zeuge 3 so, sondern er erklärt auch alle, die Teil der „Maschinerie" waren, so klein ihre Rolle auch gewesen sein mag, zu Mitwissern und damit auch zu Mitschuldigen. Eine Differenzierung zwischen Täter und Beihilfe wird irrelevant, da jeder, der in Auschwitz tätig war und somit seinen Teil zum Mord beitrug, schuldig wird[57]:

Jedem der 6000 Mitglieder des Personals
die im Lager arbeiteten
waren die Vorgänge bekannt
und jeder leistete auf seinem Posten
Was für das Funktionieren des Ganzen
geleistet werden mußte [...]
Jeder einzelne
in den hundert und tausenden Amtsstellen
die mit den Aktionen beschäftigt waren
Wußte
worum es ging[58]

Die einzige Möglichkeit, Rettung zu erlangen, war das Nichtfunktionieren der Maschinerie. So kann es „Rettung für den Menschen in der technisierten Welt nur geben [...], wenn die Technik *nicht* funktioniert, der Apparat irgendwo falsch programmiert ist, darum fehlleistet und sein Opfer verfehlt."[59]

    [...] Ich selbst war nur durch Zufall

---

[56] Die Ermittlung S. 75.
[57] Vgl. Steitz 2017, S. 94.
[58] Die Ermittlung S. 181.
[59] Salloch 1972 S. 104.

der Vergasung entgangen
weil die Öfen an diesem Abend verstopft waren
Beim Rückweg vom Krematorium erfuhr
der begleitende Arzt
daß ich Mediziner war
und er nahm mich in seiner Abteilung auf[60]

Der Zeuge 3 belässt es, wie schon genannt, nicht bei dem Lagerpersonal und Angeklagten, die vor Gericht standen, sondern erweitert seinen Schuldigenkreis auf alle, die Teil des NS-Staates und seines Systems waren:

Ich spreche frei von Haß
Ich hege gegen niemanden den Wunsch
nach Rache
Ich stehe gleichgültig vor den einzelnen Angeklagten
und gebe nur zu bedenken
daß sie ihr Handwerk
nicht hätten ausführen können
ohne die Unterstützung
von Millionen anderen[61]

Außerdem mahnt er, dass dieses System keineswegs Vergangenheit und nicht mehr existent sei, sondern weiterhin mit denselben Tätern von damals fortbestehe:

Ich bitte nur
darauf hinweisen zu dürfen
wie dicht der Weg von Zuschauern gesäumt war
als man uns aus unseren Wohnungen vertrieb
und in die Viehwagen lud
Die Angeklagten in diesem Prozeß
stehen nur als Handlanger
ganz am Ende
Andere sind über ihnen
die vor diesem Gericht nie
zur Rechenschaft gezogen wurden
Einige sind uns hier begegnet
als Zeugen
Diese leben unbescholten
Sie bekleiden hohe Ämter
sie vermehren ihren Besitz
Und wirken fort in jenen Werken

---

[60] Die Ermittlung S. 67.
[61] Die Ermittlung S. 181 bis 182.

in denen die Häftlinge von damals
verbraucht wurden[62]

Hier stellt Zeuge 3 das politische und kapitalistische System als Faktor heraus, der die Lager überhaupt ermöglichte. Wohlwissend, dass in der BRD immer noch ein kapitalistischer Markt existiert. Dies verdeutlicht er noch:

[...] Wir müßen die erhabene Haltung fallen lassen
daß uns diese Lagerwelt unverständlich ist
Wir kannten alle diese Gesellschaft
aus der das Regime hervorgegangen war
das solche Lager erzeugen konnte
[...][63]

So kritisiert er das (weiterhin existierende) System weiter

[...] Die Ordnung die hier galt
war uns in ihrer Anlage vertraut
deshalb konnten wir uns auch noch zurechtfinden
in ihrer letzten Konsequenz
in der der Ausbeutende in bisher unbekanntem Grad
seine Herrschaft entwickeln durfte
und der Ausgebeutete
noch sein eigenes Knochenmehl
liefern mußte[64]

Durch das Personalpronomen „Wir" wird ein jeder, der das Stück entweder sieht oder liest, mit eingebunden in die Aussage und ein Teil des Systems, das der Zeuge 3 kritisiert. Ausbeutung erfolgte nicht nur durch einzelne SS-Männer, sondern eben durch „Staat und Industrie."[65] Dass dieses System, das die Lager erst ermöglichte, weiter besteht und niemals ausgelöscht wurde, bekräftigt am Ende des Gesangs Zeuge 7:

Ich kam aus dem Lager heraus
aber das Lager besteht weiter[66]

---

[62] Die Ermittlung S. 182.

[63] Die Ermittlung S. 78 bis 79.

[64] Die Ermittlung S. 79.

[65] Krause, Rolf: Faschismus als Theorie und Erfahrung. „Die Ermittlung und ihr Autor Peter Weiss (Frankfurt a.M. 1982), S. 413.

[66] Die Ermittlung S. 80

Sagt man also, es würde nur Vergangenheitskritik durch das Stück stattfinden, macht man es sich zu einfach, ja, man liegt damit sogar komplett falsch. Auch warnt Zeuge 3, dass das, was geschah, jederzeit — solange kein politisches Umdenken erfolgt — erneut und viel *schlimmer* passieren kann:

> [..] und die Außenwelt fragt heute
> wie es möglich war
> daß sie sich so vernichten ließen
> Wir
> die noch mit diesen Bildern leben
> wissen
> daß Millionen wieder so warten können
> angesichts ihrer Zerstörung
> und daß diese Zerstörung an Effektivität
> die alten Einrichtungen um das Vielfache übertrifft[67]

Mit diesen Aussagen stellt Weiss das Nazi-Regime mit allem, was dazugehörte, als Folge eines kapitalistischen Systems dar. Ein System, das, wenn auch in schwächerer Form, für Weiss immer noch existiert und aufgrund der Folgen, die es haben kann — aber nicht haben muss — hinterfragt werden sollte. „Die Nazi-Lager waren das extreme Ergebnis einer bestimmten Gesellschaftsform, des Kapitalismus: das heißt nicht, daß sie im Kapitalismus zwangsläufig wären, aber es gibt eine bruchlose Kontinuität zwischen den Konzentrationslagern und der kapitalistischen Herrschaftsform."[68] Es wird also das gesamte Stück über an den ökonomischen Aspekt der Verfolgung erinnert.

Nicht unterschlagen werden soll aber auch der Aspekt, dass die Zeugen Weiss dazu dienen, zu mahnen, dass nicht vergessen, sondern stets an das Geschehene erinnert werden soll. So zitiert Zeuge 3 das Opfer Male Zimetbaum:

> In Anbetracht der Lage
> war es Widerstand genug
> wachsam zu bleiben
> und nie den Gedanken aufzugeben

---

[67] Die Ermittlung S. 79

[68] Tailleur, Jean: Gespräche mit Peter Weiss über Deutschland, den Sozialismus und das Theater, in: Peter Weiss im Gespräch, hrsg. von Gerlach, Rainer u. Richter, Matthias (Frankfurt a.M. 1986), S. 111-116, hier: S. 116.

daß eine Zeit kommen würde
in der wir unsere Erfahrungen
aussprechen könnten[69]

Dies steht im Gegensatz zu der Aussage des Angeklagten 1, die ich in der Einleitung zitierte, in der der Angeklagte für ein Vergessen des Vergangenen plädierte.[70]

III. Schlussteil

Gegen wen wird nun durch *Die Ermittlung* ausgesagt?

Es lässt sich anhand der Zeugenaussagen sagen, dass in Weiss' Ermittlung nicht etwa nur das Schicksal der Juden aufgearbeitet wird — das Wort „Jude", „Auschwitz" oder „Endlösung" wird in der *Ermittlung* kein einziges Mal erwähnt[71] — sondern es werden vielmehr „die politischen Verwicklungen sichtbar gemacht, als deren extremste Konsequenz Auschwitz erscheint."[72] Weiss macht durch die Aussagen der Zeugen deutlich, dass für ihn das kapitalistische System und die materielle Gier der Vielen eine Wurzel des Übels ist, ohne die der Holocaust in dieser Form nie hätte stattfinden können.

> Das Stück entbehrt nicht der aktuellen Sprengkraft. Ein Großteil davon behandelt die Rolle der deutschen Großindustrie bei der Judenausrottung. Ich will den Kapitalismus brandmarken, der sich sogar als Kundschaft für Gaskammern hergibt.[73]

Am Ende ist Peter Weiss' *Ermittlung* also nicht nur ein Stück, das an Vergangenes erinnern soll. Das soll es zwar auch, aber vielmehr soll es das Publikum auf „Kontinuitäten zwischen der Vergangenheit und der Gegenwart aufmerksam" und der Öffentlichkeit das „Fortbestehen vieler Strukturen der Vergangenheit in der Gegenwart" bewusst machen.[74] So belastet Weiss durch die Aussagen in seinem Drama also vor allem zum einen die Gesellschaft, die

---

[69] Die Ermittlung S. 77.

[70] Vgl. Einleitung, Fußnote 1.

[71] Das Weglassen der oben genannten Worte hat zu Kritik an Weiss geführt, auf die allerdings hier aus Platzgründen nicht weiter eingegangen werden kann. Weiss wurde u.a. vorgeworfen, das Schicksal der Juden für seine „sozialistische Ideologie" zu instrumentalisieren (vgl. Steitz 2017, S. 95).

[72] Durzak, Manfred: Dürrenmatt, Frisch, Weiss. Deutsches Drama der Gegenwart zwischen Kritik und Utopie (Stuttgart 1972), S. 294.

[73] Zitiert nach Schoenberner, Gerhard: Gewerkschaftliche Monatshefte (12/1965).

[74] Steitz 2017, S. 90.

nach Weiss zu großen Teilen wegguckte oder sogar mitmachte und dadurch die „Maschinerie" am Laufen hielt — auch wird das häufige Verneinen der eigenen Schuld aufgezeigt — und zum anderen das (kapitalistische) System, das zur Zeit des Hitler-Regimes existierte, aber auch noch in der Gegenwart (wenn auch in schwächerer Form) fortbesteht und das für Weiss ein Ereignis wie den Holocaust jederzeit wieder als Folge haben könnte. So verurteilt er die Industrie und Geschäftsmänner, die nach Weiss aus Profitgier ihre Augen vor den unmenschlichen Zuständen, unter denen die Inhaftierten arbeiten mussten, verschlossen und gemeinsame Sache mit den Nazis machten. Am Ende des Stücks sollen die Zuschauer ans Vergangene erinnert, aber auch dazu animiert werden, das Gegenwärtige (System) zu hinterfragen. Vor dem Hintergrund dieser politischen Nachricht, die Weiss an das Publikum sendet, wird auch schnell klar, warum Weiss das dokumentarische Theater als Darstellungsform wählte.[75]

Inwieweit Weiss' Kritik tatsächlich gerechtfertigt ist, könnte in einer weiteren Arbeit untersucht werden.[76]

---

[75] Das dokumentarische Theater ist politisch und weist auf bestehende Übel hin, vgl. hierzu und für weiteres Kapitel 2.1.

[76] Genauso gut könnte man es sich zur Aufgabe machen, zu untersuchen, ob die Kritik an Weiss, er nütze die NS-Zeit als Vorwand, um die eigene Ideologie zu bewerben, ihre Berechtigung hat oder nicht.

IV. Quellen- und Literaturverzeichnis

Primärquellen:

Gewerkschaftliche Monatshefte (12/1965).

Langbein, Hermann: Der Auschwitz-Prozeß. Eine Dokumentation (Frankfurt/ Wien/Zürich 1965).

Naumann, Bernd: Auschwitz: Bericht über die Strafsache gegen Mulka u.a. vor dem Schwurgericht Frankfurt (Frankfurt a.M 1965).

„Was wird ermittelt?" Theater Heute (12/1965).

Weiss, Peter: Die Ermittlung. Oratorium in 11 Gesängen (Hamburg 1969).

Weiss, Peter: Notizen zum dokumentarischen Theater, in: Rapporte II (Frankfurt 1971).

Sekundärliteratur:

Blumer, Arnold: Das dokumentarische Theater der sechziger Jahre in der Bundesrepublik Deutschland (Meisenheim am Glan 1977).

Brumlik, Micha: Ein Appel an die Politik, in: Auschwitz-Prozeß 4 Ks2 /36 Frankfurt am Main, hrsg. von Wojak, Irmtrud (Köln 2004), S. 48 bis S. 52.

Der Auschwitz-Prozeß, hrsg. vom Fritz Bauer Institut Frankfurt am Main (Berlin 2004).

Durzak, Manfred: Dürrenmatt, Frisch, Weiss. Deutsches Drama der Gegenwart zwischen Kritik und Utopie (Stuttgart 1972).

Freudiger, Kerstin: Die juristische Aufarbeitung von NS-Verbrechen (Tübingen 2002).

Krause, Rolf: Faschismus als Theorie und Erfahrung. „Die Ermittlung und ihr Autor Peter Weiss (Frankfurt a.M. 1982).

Lindner, Burkhardt: Im Inferno. „Die Ermittlung" von Peter Weiss (Frankfurt a.M. 1988).

Salloch, Erika: Peter Weiss´Die Ermittlung. Zur Struktur des Dokumentar-Theaters (Frankfurt a.M. 1972).

Tailleur, Jean: Gespräche mit Peter Weiss über Deutschland, den Sozialismus und das Theater, in: Peter Weiss im Gespräch, hrsg. von Gerlach, Rainer u. Richter, Matthias (Frankfurt a.M. 1986), S. 111-116.

Van Kempen, Anke: Die Rede vor Gericht. Prozeß, Tribunal, Ermittlung: Forensische Rede und Sprachreflexion bei Heinrich von Kleist, Georg Büchner und Peter Weiss (Freiburg 2005).

Walter, Jens: „Die Ermittlung" in Westberlin, in: Über Peter Weiss. Hrsg. von Canaris, Volker [2](Frankfurt a.M. 1971), S. 92-97.

Weiß, C. (1995). Kann sich die Bühne eine Auschwitz-Dokumentation leisten? Peter Weiss im Gespräch mit Hans Mayer (Oktober 1965). *Peter-Weiss-Jahrbuch Für Literatur, Kunst Und Politik Im 20. Und 21. Jahrhundert, 4*, 8-30.

Online-Literatur:

Steitz, Kerstin: Juristische und Epische Verfremdung. Fritz Bauers Kritik am Auschwitz-Prozess (1963-1965) und Peter Weiss´ dramatische Prozessbearbeitung *Die Ermittlung. Oratorium in 11 Gesängen* (1965), in: German Studies Review, Vol. 40, No. 1 (Februar 2017), hrsg. von The Johns Hopkins University Press on behalf of the German Studies Association S. 79-101, https://www.jstor.org/stable/pdf/44632940.pdf?refreqid=excelsior%3Afaa5204a1dbfaf443209c650f158e9a0&ab_segments=&origin=&initiator=&acceptTC=1, eingesehen am 25.02.2023.

Ingram Content Group UK Ltd.
Milton Keynes UK
UKHW010655050623
422889UK00005B/704